Sandbilder
Materialien, Techniken, Motive

GERLINDE HOFMANN

SANDBILDER

MATERIALIEN · TECHNIKEN · MOTIVE

Die Deutsche Bibliothek – CIP-Einheitsaufnahme

Sandbilder: Materialien, Techniken, Motive /
Gerlinde Hofmann. – Wiesbaden : Englisch, 1992

ISBN 3-8241-0474-1

Inhaltsverzeichnis

Faszination Sand 7

Einführung 8

Sammeln, Kaufen und Artenschutz 8
Wohin mit dem Segen? 10

Werkzeuge, Hilfsmittel und Vorbereitungen 12

Freie Wandobjekte oder -reliefs ohne Rahmen 14

Kleine Bilder in Rahmen 23

Objekte auf Tellern 28

Gestaltungsvariationen für größere Bilder 29

Variation 1 30
Variation 2 42
Variation 3 48
Variation 4 56

Faszination Sand

Es beginnt bei vielen Menschen im Sandkasten: das fesselnde Spiel mit den unerschöpflichen Möglichkeiten dieser Materie.

Im Urlaub am Meer findet es seine Höhepunkte. Sand und Wasser, Steine und Strandgut, was läßt sich nicht alles daraus formen!

Das Meer bringt leere Muschelschalen, Krebspanzer, Schneckengehäuse, schöne Steine, bizarre Holzteile und vieles andere an Land.

Wer kann dem Sammeltrieb widerstehen? Zu Hause fallen die Schätze später – leider – oft einer Ordnungswelle oder einem Umzug zum Opfer, wenn sie nicht schon beim Kofferpacken im Hotelmülleimer landeten.

Dieses Buch enthält vielfältige Gestaltungsanregungen, wie Sie den Zauber des Materials zu Hause weiterwirken lassen können. Es vermittelt Ihnen weiterhin die nötigen Arbeitstechniken zur Verwirklichung Ihrer ganz persönlichen Strand- und Sandbilder. Die leicht nachvollziehbaren, ungefährlichen Arbeitstechniken ermöglichen es, auch sehr junge Kinder ihre eigenen Sandobjekte gestalten zu lassen. Kinder sind so voller Ideen, sie benötigen keine Vorlagen und Vorschriften. Auch für Sie persönlich soll dieses Buch keine „Vorlagenmappe" sein. Nehmen Sie es vielmehr als Anregung, eigene, neue Dinge zu erfinden.

So vielfältig und verschiedenartig wie die möglichen Materialien und Sandvarietäten sind auch wir Menschen. Deshalb kann jede/r zu ganz persönlichen, unverwechselbaren Sandobjekten gelangen.

Allen Menschen, die an der Entstehung des Buches beteiligt waren, ein herzliches Dankeschön.

Gerlinde Hofmann

Einführung

Sammeln, Kaufen und Artenschutz

2

Sandbilder können Sie ohne Anschaffung einer speziellen, teuren Ausstattung sofort in die Tat umsetzen: die Ausgangsmaterialien können Sie selbst sammeln; wertvolle Werkzeuge sind nicht vonnöten; das einzige, was Sie vielleicht kaufen müssen, ist Tapetenkleister. Alle Werkzeuge und Hilfsmittel finden Sie in Ihrem Haushalt.

Sand haben Sie sich hoffentlich von Ihren Strandspaziergängen in ausreichender Menge mitgebracht. Die kleinen Plastikbeutel sollten nicht zu voll sein, damit sie leicht zugeknotet und in den Ritzen des Urlaubsgepäcks verstaut werden können. Am besten schreiben Sie auch auf jeden Behälter, wo der Inhalt herstammt und wann Sie das Material gesammelt haben.

Falls Ihnen während der Arbeit der Sand ausgeht, gibt es weitere Beschaffungsmöglichkeiten in Baumärkten, Zoohandlungen (Vogelsand!), bei freundlichen Bauherren in der Nachbarschaft oder, falls vorhanden, in der Sandkiste Ihrer Kinder.

Fast alle Tier- und Pflanzenteile in diesem Buch sind selbstgesammeltes Strandgut. Richten Sie doch auch bei Ihren nächsten Strandspaziergängen Ihr Augenmerk auf interessantes Strandgut, wie skurrile, abgeschliffene Muschelteile, Treibholz und dergleichen mehr. Dabei ist es sehr gut, wenn Sie mehrere Teile der gleichen Art sammeln, nicht nur Einzelstücke. Nehmen Sie sich Zeit, die Sandformationen zu betrachten, die das Spiel der Wellen an der Küste hinterläßt. Es ist wichtig, gesehen zu haben, wie die Strandgutteile vom abfließenden Wasser in Sand gebettet werden, um ähnlich anmutende Bilder gestalten zu können.

Noch eine eindringliche Bitte:
Sammeln Sie keine geschützten Tiere und Pflanzen! Lassen Sie sich auch nicht von findigen Händlern verführen, „Raritäten" zu kaufen! Das kann beim Zoll Ärger und Strafen nach sich ziehen und darüber hinaus tragen Sie zur Ausrottung seltener Arten bei.

Diese Abbildung zeigt verschiedene Seeigelüberreste (1), Sepiaschalen (2), Scheidenmuschelschalen (3), Steine (4), Schneckengehäuse (5), Schwämme (6), Muschelschalen (7), den Überrest eines Tongefäßes (8), Seesterne (9), Schwimmer von Fischernetzen (10), Panzerteile einer Schildkröte (11) und Sandplatten (12).

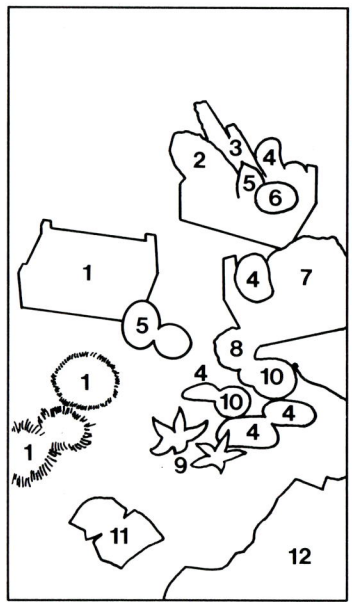

3

Diese Abbildung zeigt Baumkoralle (1), Triumphkoralle (2), Hirnkorallen (3), Pilzkorallen (4), Triton-Schneckengehäuse (5), Herzmuscheln (6), Steckmuscheln (7), Trichterschwämme (8), Treibholz (9) und ein Stück Kakteengerippe (10).

Einige der in diesem Buch verwendeten Artikel, die ich in den 80er Jahren bei namhaften Fachhändlern und im Floristenfachhandel kaufte, tragen heute in den Katalogen den Aufdruck „nicht mehr lieferbar". Das heißt meistens, daß der Artikel in die Liste der seltenen Arten aufgenommen wurde und die Herkunftsländer einen Exportstopp verfügten.

Das vorliegende Buch zeigt aber deutlich, daß auch ohne seltene Korallenarten interessante und faszinierende Bilder entstehen können. Das Zaubermittel der Wahl heißt Sand, Sand und nochmals Sand!

4

Wohin mit dem Segen?

Seit vielen Jahren entwickele ich neue Aufbewahrungsmöglichkeiten für Naturmaterialien. Die Unterbringung in Gläsern erleichtert es, den Überblick zu behalten. Es empfiehlt sich ein Etikett mit Datum und Herkunftsort am Glas anzubringen. Das gilt auch für Sand, Erden, Kies, Splitt und Granulate, die ich vorzugsweise in Saftflaschen à 1 Liter aus farblosem Glas aufbewahre. Für alle Glasgefäße gilt, daß sie möglichst eine weite Öffnung aufweisen, einen Deckel haben und nicht farbig sein sollten.

Es ist sehr wichtig, daß nur wirklich trockene Materia-

Die beiden Halotismuschelhälften sind etwa so groß wie eine Untertasse oder Kompottschale. An ihnen zeigt sich der Unterschied zwischen Außen- und Innenansicht besonders deutlich. Daneben liegt eine Portion kleinerer Stücke der gleichen Art. Davor sehen Sie einige geschliffene Halotisschalenteile, die Sie vielleicht von Schmuckstücken kennen. Dies ist ein Beispiel dafür, wie vielfältig eine Art vorkommen kann.

lien eine solche Endlagerung erfahren. Nasser Sand ließe sich nicht gut einfüllen und es bestünde das Risiko von Schimmelbildung, Fäulnis etc. In geschlossenen Behältern ist das Material vor Staub geschützt. Getrocknete Pflanzenteile, Krebspanzer oder andere tierische Überreste sollten Sie von Zeit zu Zeit auf unerwünschte Mitbewohner kontrollieren.

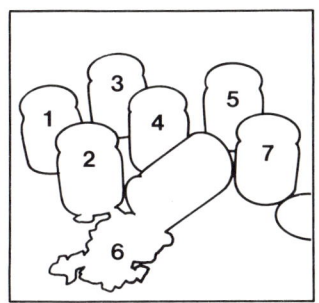

5

Besonders exotisch muten die Seeigelstacheln in Glas 1 an. In Glas 2 befindet sich ein selbstgesammeltes Sortiment von Muschelschalen, Bruchstücken und Kalkgebilden. Kalkige Röhren, von sogenannten Röhrenwürmern, sind ebenso vertreten wie Teile mit Seepockenbesatz. In den Gläsern 3–6 befinden sich verschiedene Arten von Schneckengehäusen. Die kleinen Kappen in Glas 7 eignen sich nur für sehr kleine Arbeiten.

Es besteht aber, bei geschlossenen Behältern, keine Gefahr für die übrige Sammlung oder Ihre Einrichtung. Der „schönste" Vorzug der Materialunterbringung in Gläsern ist die gestalterische Komponente.

Eine Reihe von Einmachgläsern mit Muschelschalen, Schneckengehäusen, Glaskugeln, Treibholz und Sand ist eine ständige Augenweide und Anregung.

Auf diese Weise fördern Sie Ihr gestalterisches Tun. Das Bildbeispiel auf Seite 6 zeigt eine weitere Möglichkeit, Gestaltung und Aufbewahrung miteinander zu verbinden.

Werkzeuge, Hilfsmittel und Vorbereitungen

6

Zur Grundausstattung gehören, neben den abgebildeten Werkzeugen, einige kleine, weiße Plastikschüsseln. Ein kleiner Eimer für den Kleisteransatz findet sich in fast jedem Haushalt, ebenso verschiedene Siebe. Weiterhin praktisch sind 2–3 Hartfaserplatten (mind. 30 x 40 cm) als Arbeitsunterlagen. Plastikfolie, Klebeband und eine Schere runden das Sortiment ab.

Zunächst rühren Sie gemäß Anleitung einen extra starken Tapetenkleister an. Während der Quellzeit des Kleisters geben Sie den Sand durch ein Sieb, um Steine und Verunreinigungen zu entfernen. Wenn Sie über verschiedene Siebe verfügen, probieren Sie aus, ob Sie den Sand in verschieden gekörnte Partien trennen können. Der inzwischen zähflüssig gewordenen Kleistermasse könnten Sie noch Spezialkleber für Plastiktapeten in Feuchträumen zusetzen. Mit diesem Zusatz erhöhen Sie die Beständigkeit Ihrer fertigen Arbeiten gegen Feuchtigkeit und Nässe. Diese läßt sich weiter verbessern, indem Sie eine farblose Mattlackschicht auf Vorder- und Rückseite aufbringen, wenn die Sandobjekte völlig durchgetrocknet sind.

Mit Hilfe von nur zwei verschiedenen Sieben läßt sich ein trockener, sandiger Kies in drei verschiedene Körnungen trennen. In der groben Partie finden sich unter Umständen auch große Steine, Holzteile und Gras, was nun leichter aussortiert werden kann.

Die Abbildung rechts oben (Nr. 8) zeigt einen gelben Baustellenkies, der auf diese Weise in drei homogene Chargen getrennt wurde.

Bei der mittleren Abbildung (Nr. 9) handelt es sich um mehrfarbigen Kies von einem herrlichen Strand an der türkischen Westküste. Hier erfolgte die Trennung mittels dreier verschiedener Siebe.

Die Abbildung unten (Nr. 10) zeigt ein Granulat, das aus der Schlacke eines städtischen Heizwerks entsteht. Das Schlackengranulat sah zunächst recht stumpf und schmutzig aus. Jede ausgesiebte Partie erhielt, noch im Sieb, eine kurze Wäsche. Was Sie hier sehen, sind die getrockneten Ergebnisse. Die feinste Partie blieb ungewaschen.

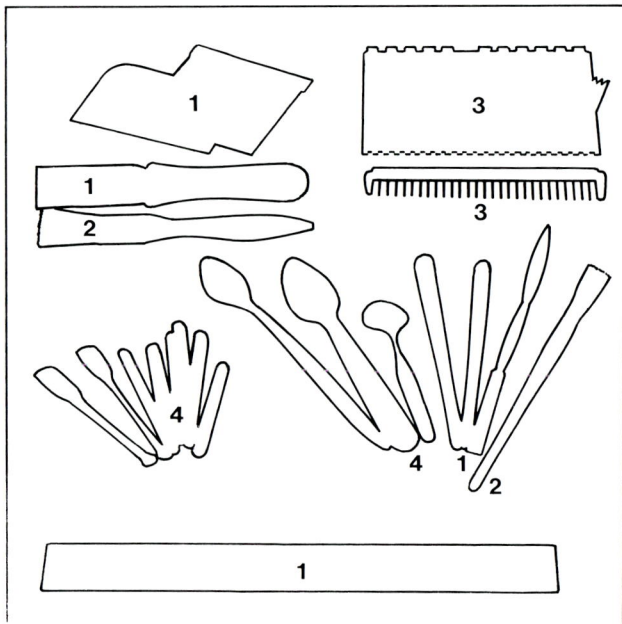

Diese Abbildung zeigt die wenigen, notwendigen Werkzeuge. Zum Aufbringen und Glätten der Sandmassen benötigen Sie Spachtel, Modellierhölzer o. ä. (1). Pinsel (2), Zahnspachtel und Kämme (3) dienen zur Strukturierung der Flächen. Rührhölzer und Löffel (4) gehören zur elementaren Ausstattung.

Möchten Sie eine Sandmasse ansetzen, geben Sie zuerst eine kleine Menge des fertigen Kleisters in eine leere Schüssel. In den Kleister rühren Sie nach und nach soviel Sand, daß eine steife Masse entsteht. Bei Ihrem ersten Versuch wundern Sie sich vielleicht, welche Menge Sand von einem Löffel Kleister aufgenom-

7

8

men werden kann. Nehmen Sie niemals nassen Sand, um einen solchen Ansatz zu mischen, denn flüssige Sandmasse ist nur bedingt einsetzbar. Außerdem würden Sie weniger Kleister benötigen. Das könnte zur Folge haben, daß ein Objekt nach dem Trocknungsprozeß zerbröselt, weil es nicht genügend Kleber enthält. Sind nun einige Sandmassen vorbereitet und die passenden Strandgutteile bereitgelegt, steht den ersten praktischen Versuchen nichts mehr entgegen.

Die Hartfaserplatte als Arbeitsunterlage dient auch als Träger oder Tablett, bis das Objekt völlig durchgetrocknet ist. Diese Platten sind ideal, weil sie leicht und dünn sind. In Baumärkten erhalten Sie Hartfaserplatten recht preiswert nach Ihren Wunschmaßen zugeschnitten. Natürlich können Sie auch alle anderen im Haus vorhandenen Bretter oder auch umgestülpte Tabletts und Kuchenbleche als Arbeitsplatten einsetzen. Kleinere Platten können gut auf die Heizkörper gelegt werden, um die Trocknung zu beschleunigen.

Es ist äußerst wichtig, daß Sie eine Folie auf der Platte befestigen, bevor Sie mit der Gestaltung beginnen. So lassen sich die getrockneten Objekte leicht abnehmen. Auf meiner braunen Platte benutze ich weiße Folie, es gibt aber auch Hartfaserplatten mit einer einseitigen, weißen Beschichtung, auf denen sich Farbwirkungen und Proportionen besser beurteilen lassen. Darauf können Sie farblose Folien verwenden, die ja wesentlich gebräuchlicher sind.

9

10

11

Freie Wandobjekte oder -reliefs ohne Rahmen

In der größeren Schale links befindet sich eine hell-braune Sandmasse. Das Ausgangsmaterial hierfür ist ein Papageiensand aus einer Zooabteilung. Der Sand enthielt kleine Steine, die mit einem Sieb herausge-nommen und ebenfalls mit Kleister angerührt wur-den. Dieser Ansatz befindet sich in der oberen, klei-nen Schale und enthält sehr viel Kleister. In der wenig größeren Schale darunter sehen Sie einen Ansatz mit der feinsten Partie des Baustellenkieses, den Sie, von Seite 13 rechts oben, bereits kennen. Diese drei Kom-ponenten sind die Grundlage des Objektes.

Die Schalen mit den Sandmassen und Steinen stehen während der Arbeit natürlich neben der Platte. Das Objekt ist etwa 20 cm lang. Auf einer Platte dieser Grö-ße können Sie selbstverständlich mehrere Objekte gleichzeitig gestalten.

Die beiden größeren Sandpartien wurden mit Löf-feln aufgebracht und geglättet. Der linke, größere Be-reich erhielt seine Streifenstruktur mittels eines Werk-zeuges, mit dem üblicherweise Tortenverzierungen gestaltet werden. Sie sehen es in der größeren Schale.

Die sehr flüssige, steinige Masse setzte ich mit ei-nem kleinen Löffel auf. Es folgten dann die beiden Muschelschalen rechts unten, der braune Stein auf der rechten Seite und, auf der linken Seite, die beiden Schneckengehäuseteile. Die Gestaltung des mittle-ren Teiles erfolgte mit den beiden Treibholzstücken. Das I-Tüpfelchen sind die weißen, kleinen Kalkteil-chen aus einem anderen Vogelsand.

Aus der Fülle der verschiedenartigen Strandgutteile ergibt sich die Notwendigkeit, für eine Arbeit einige wenige Stücke auszuwählen. Farben, Formen, Grö-ßen und Strukturen wollen berücksichtigt werden; das ist keine leichte Aufgabe. Es gilt, darauf zu achten, daß nicht zuviele effektvolle Teile in Konkurrenz zueinander kommen. Eine Reihe gleicher, unschein-barer Stücke ist oft eine gute Ergänzung zu Skurrilem und Exotischem.

12

Im Vergleich zu der nassen Arbeit auf Seite 14 erscheint das trockene Objekt unten wesentlich blasser. Diesen Effekt kennen Sie sicher von schönen Kieselsteinen aus Bach oder Meer. Zu Hause versteht man oft nicht mehr, wieso man gerade diesen Stein mitnahm. Wenn Sie ihn dann in Wasser legen und er so seine Leuchtkraft zurückerhält, sieht er ganz anders aus.

Die Farbintensität von Sand, Muschelschalenteilen und Steinen läßt sich durch eine farblose Lackierung steigern. Doch sollte es Mattlack sein. Ein natürlich glänzendes Schneckengehäuse wirkt in einer matten Sandfläche wesentlich stärker als in einer glänzenden.

Ähnliche Überlegungen gelten für die Farbwirkungen. Wenn ich die Farbintensität des Sandes mittels einer Lackierung steigere, gehe ich das Risiko ein, daß das die dezenten Meeresfrüchte in ihrer Wirkung abschwächt. Daraus ergibt sich, daß es oft sinnvoll ist, nur einige Bereiche zu lackieren, oder auch nur einige Muschelteile, um ihre Wirkung zu steigern. Das andere Beispiel, rechts unten, ist eine Formation aus drei

Resten von Sandmassen einer größeren Arbeit (Abb. 70, Seite 44). Den braunen Sand strukturierte ich mit einem Holzspachtel, während die gelbe Sandmasse am unteren Rand mit einem Löffelrücken angesetzt wurde. Die gebänderte Muschelschale bildet das Gegengewicht auf der linken Seite. Auf den folgenden sieben Seiten sehen Sie weitere Beispiele dieser Art.

13

14

15

16

Hier sehen Sie zwei Anfängerexperimente mit grün-gefärbtem Sand. Es ist gut erkennbar, daß die grüne Masse flüssiger war als die naturfarbene. Strukturen bleiben nur in festen Massen, über den Trocknungsprozeß hinaus, erhalten. Flüssige Sandmassen trocknen glatt auf.

Gut erkennbar ist, daß der große Stein (Abb. 16) lakkiert ist. Nach der vollständigen Trocknung wurden einige Bereiche mit Kleister eingepinselt und mit Glimmerpulver bestreut.

Zur Herstellung gefärbter Sandmassen empfiehlt sich als Basis ein sehr heller Sand. Je weißer Ihr Basismaterial ist, desto leichter können Sie klare Farbtöne erzielen. Als Farbzusätze kommen Temperafarben, Abtönfarben für Dispersionsfarben, Batik- und Ostereierfarben, kurz: alle wasserlöslichen Farben, in Frage.

Sind mehrere Arbeiten, zum Beispiel vier, auf einem größeren Brett entstanden, ist nach einigen Trocknungstagen der Moment gekommen, die Stücke abzunehmen und fertigzustellen. Nach dem Ablösen der Klebestreifen schneiden Sie, auf dem Brett entlang, die Unterlegfolie in vier Teile. Unter eine der fertigen Arbeiten schieben Sie ein kleines, dünnes Brett (z. B. ein Frühstücksbrettchen). Wenden Sie das Teil so, daß es mit der Oberseite in Ihrer hohlen Hand liegt. Ist das kleine Brett wieder entfernt, können Sie die Folie abziehen. In diesem Moment zeigt sich, ob das Teil bereits völlig durchgetrocknet ist.

Ist die Rückseite noch naß, legen Sie es vorsichtig auf das kleine Brett und lassen es, mit der nassen Seite nach oben, fertigtrocknen. Ist es bereits völlig trocken, können Sie die übrigen Teile ohne besondere Vorsichtsmaßnahmen von den Folienstücken entfernen. Die Rückseiten können nun mit Lack eingepinselt werden. Die Aufhängeöse sollten Sie mit Zweikomponentenkleber befestigen.

Für das blaue Objekt (Abb. 17) kochte ich verschiedene Muschelschalen und Korallenteile in blauer Batikfarbe. Der Sand erhielt seine verschieden intensiven Blautöne durch Zugabe unterschiedlicher Mengen der gleichen Farbe. Für Glanzpunkte sorgen passende Glaskugeln. Wenn Sie eine farbige Sandmasse teilen, der einen Hälfte etwas Kleister und weiteren, ungefärbten Sand zusetzen, erhalten Sie auch zwei gleichfarbige Massen von unterschiedlicher Farbintensität.

18

19

20

Die Beispiele auf Seite 18 sind weitere Varianten, der auf Seite 16 gezeigten Art. In den beiden äußeren, oberen Beispielen ist als Besonderheit eine Schieferplatte verarbeitet. In das Objekt rechts unten ist der schwarze Korallenfächer nicht flach, sondern hochstehend eingesetzt. Dadurch wirkt es plastischer, ebenso wie die Objekte auf dieser Seite.

Diese beiden Arrangements oben sind auf zwei große, unglasierte, rotbraune Fliesen gearbeitet. Alle eingesetzten Teile behielten ihre Naturfarbe. Während das linke Objekt mit zwei Sandsorten und je einer Muschel- und Korallenart eher graphisch gestaltet ist,

sehen wir auf der rechten Platte eine üppige Fülle. Diese besteht aus zwei Steinen, zwei Pilzkorallenhälften, je 6–8 Schalenhälften von Herz- und Scheidenmuscheln und einem schwarzen Fächerkorallenfragment.

Achten Sie bei solchen Arbeiten darauf, daß Sie die Einzelteile richtig in die Sandmasse eindrücken, damit sie nicht abfallen, wenn die trockenen Objekte an die Wand gehängt werden. Die rechte Fliese trägt eine ziemlich dicke Sandschicht. Solche Arbeiten brauchen sehr lange, bis sie völlig durchgetrocknet sind.

21

23

Hier sehen Sie drei weitere, zweifarbige Beispiele, diesmal mit annähernd rechteckig gestalteter Außenform. Für die Arbeit oben wurden die beiden verschiedenfarbigen Sandmassen leicht miteinander vermischt. Der ganze Rand erhielt flache, kleine Schieferstücke eingedrückt. Das Objekt oben links enthält einige außergewöhnliche Strandfundstücke mit Erinnerungswert.

Im Beispiel unten links konkurrieren die Austernschale rechts und der effektvolle Stein auf der linken Seite. Sollte Ihnen übrigens einmal ein Objekt nicht mehr gefallen, können Sie alle Teile, die mit reinem Kleistersand gearbeitet sind, in eine Schüssel mit wenig Wasser legen, um die Strandgutteile und auch den Sand zurückzugewinnen.

In allen Beispielen auf Seite 21 sehen Sie jeweils ein Schieferstück in „tragender" Funktion. Die Schieferstücke bringen eine ausgeprägte Eigenwirkung mit. Je zurückhaltender Sand und Strandgut zum Einsatz kommen, desto stärker bleibt diese starke Eigenwirkung des Schiefers für die fertige Arbeit erhalten. Neu sind hier die Sand- und Glimmerstreifen in den oberen Bereichen der Platten. Mit einem flachen Pinsel wird hierfür zunächst Kleber aufgebracht. Wenn Sie diese Bereiche anschließend mit Sand oder Glimmerpulver bestreuen, erhalten Sie solche Streifen.

22

24

25

26

Zahl grüner Steine. Darüber sehen Sie eine Reihe Porzellanschneckenhäuser. Knapp über die Mitte streute ich einen Streifen kleinerer, grüner Steine. Diese kleinen Steine waren nach dem Trocknungsprozeß völlig verschwunden. Später brachte ich in diesem Bereich Kleister auf und streute erneut kleine Steine hin. Die größeren Teile unten kamen durch Bürsten und Abkratzen des Sandes wieder stärker hervor. Dem fahlen Grün der trockenen Steine wurde mittels farblosem Lack zu stärkerer Leuchtkraft verholfen.

Lange bewahrte ich dieses naturfarbene Quadrat als experimentelles Zwischenergebnis auf. In der Versuchsphase mit gefärbten Sandmassen erhielt es den grünen Rand, indem ich eine feste, grüne Sandmasse mit einem Spachtel andrückte.

Die Rückseiten der ab Seite 14 vorgestellten Sandobjekte lassen sich mit einem Stück passend zugeschnittener Tapete wandfreundlich gestalten. Auf der Tapete können Sie mit Zweikomponentenkleber eine Aufhängeöse anbringen und, zur Verstärkung, noch einen Pappestreifen darüberkleben.

Die beiden Objekte 29 und 30 mit Schieferplatten auf der folgenden Seite oben bilden den Abschluß dieses Kapitels. Es zeigt sich hier deutlich, daß besonders ausdrucksstarke Teile am besten ohne ablenkendes Beiwerk zur Geltung kommen. Zum Einsatz kamen helle Sandmasse, unsichtbar unter den weißen Pilzkorallen, Kalksteinchen aus Vogelsand und, in der anderen Arbeit, schwarze Sandmasse mit einem exotischen Meeresschneckengehäuse (Murex pecten).

Das quadratische Bild unten stammt aus der Zeit, als ich anfing Sandbilder zu gestalten. Es ist somit als Experiment zu sehen, das mir viele Erfahrungen vermittelte, die ich hier weitergeben kann.

Damals goß ich relativ flüssige Sandmassen in flache Formen. Die Stärke der getrockneten Arbeit war nicht gut kalkulierbar. In die flüssige Fläche des quadratischen Styropordeckels legte ich eine größere

27

28

29

Kleine Bilder
in Rahmen

30

Neben den kalkigen Produkten der Röhrenwürmer sehen Sie verschiedene Schneckengehäuse, eine grüne Scherbe und, als Besonderheit, einen Einsiedlerkrebs aus einem größeren Schneckengehäuse sowie im unteren Bild ein Tiergebißteil.

Bilderrahmen suchen wir meist für fertige Bilder aus. Hier gehen wir den umgekehrten Weg. Das Augenmerk richtet sich auf taugliche Rahmen, in die Sandbilder direkt eingearbeitet werden können. Keramik-, Glas- und Kunststoffrahmen eignen sich gut, da sie wasserfest sind. Holzrahmen können Sie mit Lack- oder Lasuranstrichen wasserabweisend gestalten. Daß Rahmen mit Schnörkeln und anderen Dekoren ungeeignet sind, versteht sich von selbst. Auch bei farbigen Rahmen empfiehlt sich äußerste Zurückhaltung. Je mehr Eigenwirkung ein Rahmen mitbringt, desto mehr untergräbt er die Wirkung des eigentlichen Bildes. Das ist in den Abbildungen 31 und 32 gut zu sehen, wo die Rahmen in Konkurrenz zu den Bildinhalten treten.

Der nächste wichtige Schritt ist die wasserfeste Ausrüstung der Rückwände. Bei kleinen Formaten genügt eine zweifache Lackierung der Rückenpappe des Rahmens. Schneller und sicherer ist es, die Pappe dünn mit Klebstoff einzusprühen und eine Folie aufzuziehen. Der absolut schnellste und sicherste Weg besteht darin, direkt auf die Scheibe eines Rahmens zu arbeiten.

31

Türkische Zierkürbisse, bei uns unter der Bezeichnung Kalebassen bekannt, erfuhren eine Umgestaltung zu Bilderrahmen. Mit Hilfe eines feinen Sägeblattes teilte ich sie mehrfach in der Längsrichtung.

Sie benötigen keine extra Rückwand, wenn Sie die ausgesägten Teile auf eine Arbeitsplatte mit Folie legen und die ganze Fläche des Ausschnitts mit Sandmasse füllen. Die große Krebsschere, die Turboschneckengehäuse und die übrigen Teile sind, mit Ausnahme der beiden kleinen roten Korallen, türkisches Strandgut.

Die beiden schlichten Holzrahmen rechts sind 21 x 28 cm groß und ca. 1,5 cm tief. Die zweifache, dunkelbraune Lasur läßt das Holz wasserabweisend reagieren. Die Hintergrundpappe des oberen Bildes ist mittels eines zweifachen, schwarzen Mattlackanstriches wasserfest präpariert. Mit etwas Klebstoff und einem Tacker können Sie die präparierten Pappen an den Holzrahmen befestigen.

Das obere Bild entstand aus flüssiger Sandmasse. Leicht schräg angelehnt ließ ich es trocknen; ein Teil der flüssigen Masse lief wieder aus, wie an der rechten Ecke unten zu sehen ist. Der zarte, ebenmäßige Korallenfächer erhielt nur sehr wenig ablenkendes Beiwerk. Vor dem blassen Sandhorizont sah man den beigen Fächer kaum, so entschloß ich mich, ihn in diesem Bereich dunkel zu lackieren.

Im unteren Beispiel war es erforderlich, die gesamte Fläche mit einer Sandschicht zu füllen, um die Folie zu bedecken, mit der die Rückwand des Bildes kaschiert worden war. Unter der baumförmigen, lackierten Fächerkoralle versammeln sich alle Krebsextremitäten, die wir in einem Strandurlaub sammelten.

32

33

34

35

Dieser schlichte Holzrahmen hat die Außenmaße 16 x 16 cm. Wasserfest ist er durch die weiße Lasur. Die Rückwand besteht aus Pappe mit schwarzem Ölpapier. Heller Vogelsand auf Pinselstrichen aus Kleister ließ die Formen im oberen Bildbereich entstehen.

In eine steife Sandmasse gleicher Farbe sehen Sie kleine Schneckengehäuse, flache, rote Sandsteine und weiteres Strandgut gruppiert. Das dunkle Schieferstück im Hintergrund stammt natürlich nicht aus dem Meer.

Die beiden ovalen Kunststoffrahmen (Abb. 36 und 37) haben einen Durchmesser von ca. 15 cm. Die beiden kleinen Sandarbeiten entstanden direkt auf der Plexischeibe im Rahmen. Das obere Beispiel zeigt im Bereich des weißen Sandes kantige Strukturen, die mit

einem dünnen Metallspachtel entstanden. Die dickere Schicht der schwarzen Sandpartie trägt fünf kleine Türkise aus einem Halbedelsteinsortiment.

Im unteren Bild ist das Größenverhältnis zwischen schwarzer und weißer Sandfläche fast umgekehrt. Links, im hellen Sand, sehen Sie eine große Zahl feiner Seeigelstacheln und rechts fünf Stacheln eines wesentlich größeren Seeigels. Dazwischen befinden sich sieben, farblich passende Halbedelsteine, darunter Muschelschalen und zwei, vom Meer abgeschliffene, grüne Glasscherben.

Der kleine Rahmen (Abbildung 38, Seite 28) ist aus massivem, farblosem Glas, mit einer Vertiefung im Bildbereich. So entstand keine Vorarbeit. Der kleine Seestern ist etwa 2 cm groß.

36

37

38

40

Objekte auf Tellern

39

Auch das Gestalten auf Tellern ist spontan, ohne weitere Vorarbeiten möglich. Die beiden kleinen (Ø 10 cm), roten Tonteller links unten sind als Wandobjekte gearbeitet. Der grüne Teller ist eine Künstlerkeramik und mißt ca. 30 cm im Durchmesser. Auf dem Foto oben trägt er Strandgutteile mit Seepocken und ein paar grüne Steine. Die Sammlung wurde mit wenig Sandmasse so arrangiert, daß der Sand kaum zu sehen ist.

Tabletts und solche größeren Teller sind auch für lose Zusammenstellungen geeignet, die gut auf Tischen stehen können (ähnlich den Gläsern auf Seite 6).

Gestaltungs-variationen für größere Bilder

Insgesamt gibt es eine Fülle von Möglichkeiten, Sandbilder mit Passepartouts zu gestalten. Zunächst bietet sich an, Bildteile zu gestalten, trocknen zu lassen und sie dann mit einem Sandpassepartout oder einem beliebigen anderen Passepartout zu versehen.

Als zweite Version sehe ich den Versuch, Bildausschnitt und Außenfläche kurz hintereinander, bzw. in einem Arbeitsgang zu gestalten.

Eine weitere Möglichkeit besteht darin, zuerst ein Sandpassepartout zu gestalten und das eigentliche Bild nach dem Trocknungsprozeß einzuarbeiten.

Die Beschreibung dieser beiden Bilder finden Sie auf den folgenden Seiten.

41

Passepartouts und Bilder können auch völlig getrennt voneinander entstehen und erst nach der Trocknung zusammengebracht werden.

Diese kleine Übersicht zeigt bereits, daß auch in diesem Bereich, die Möglichkeiten sehr vielfältig, ja nahezu unerschöpflich sind.

42

43

46

44

Variation 1

Gestaltung der Bildelemente

Zunächst suche oder schneide ich mir weiße Papierformen in den gewünschten Formaten. Sie können zum Beispiel aus kleinen Bilderrahmen stammen. Diese Papierformen klebe ich nun mit einem sehr kleinen Stück doppelseitigen Klebebandes auf der Unterlage fest. Darüber spanne ich mit Hilfe von Klebeband ein größeres Stück durchsichtige Plastikfolie. Haben Sie nun Sandmassen und Spachtel bereit, kann die Bildgestaltung beginnen. In die reinen Sandbilder können Sie dann nach Ihren Vorstellungen Strandgut einbringen.

Die Abbildung 41 zeigt die Arbeit in vollem Gange. Es ist aber auch noch gut zu erkennen, welche Vorbereitungen zu erledigen sind.

Wenn die Bildplatten trocken sind, können Sie die Klebestreifen entfernen und zwischen den Platten die Plastikfolie zerschneiden, um jedes Teil auf einem eigenen Folienstück zu haben. Jetzt ist die Folie auf der Rückseite abziehbar (Abbildung 46).

Gestaltung der Sandpassepartouts

In Abbildung 43 sehen Sie die Rückwand eines Bilderrahmens, die mit Plastikfolie überzogen wurde. Mit Hilfe des trockenen Sandbildes und eines Kugelschreibers zeichnen Sie den Bildausschnitt an.

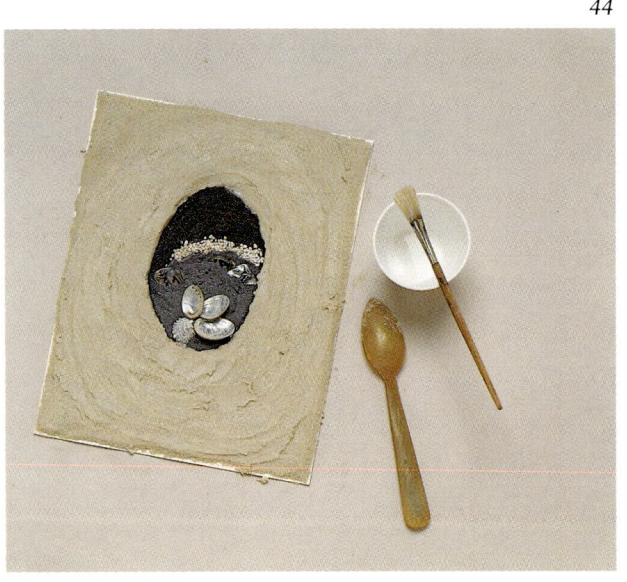

45

47

48

Dann verteilen Sie die gewählte Sandmasse im Passepartoutbereich. In diesem Fall sollte die Fläche nicht ganz glatt ausfallen, deshalb entstanden schwungvolle Strukturen mit einem Löffelrücken. Der Bildausschnitt kann mit einem Spachtel der vorgezeichneten Linie angenähert werden. Auf der freien Fläche verstreichen Sie nun etwas starken Kleister, damit das Bildelement hält (Abbildung 44).

Zwischen Bildelement und Passepartoutmasse sollte keine Fuge zu sehen sein (Abbildung 45). Falls doch, wird sie mit dem Löffel geschlossen, der zur Gestaltung der Fläche diente. Achten Sie darauf, daß die Sandschicht am Rand möglichst dünn ausfällt, damit der Bilderrahmen anschließend noch paßt. Sandmasse, die übersteht, entfernen Sie am besten mit einem Spachtel, solange sie noch feucht ist. Im trockenen Zustand könnte beim Einrahmen sonst mehr abbrechen, als Ihnen lieb ist.

Wenn, wie in diesen Beispielen (Abbildung 47 und 48), die Bildteile aus gefärbtem Sand bestehen, oder Sie gefärbte Passepartoutmasse um ein helles Bildele-

ment setzen möchten, sollten Sie zuvor wenigstens die Kanten der Bildteile farblos lackieren, um einem Abwandern von Farbpartikeln in die hellere Masse vorzubeugen. Weitere Informationen hierzu können Sie auf Seite 52 nachlesen.

Eine blaue Sandmasse ist das Ausgangsmaterial für diese beiden Bilder. Ich teilte den Ansatz und rührte der kleineren Menge noch hellen Sand und etwas Kleister zu; so erhielt ich die beiden unterschiedlichen Farbtöne.

Im linken Bild kamen drei Halotisschalen, eine andere Muschelschale, weiße Kalksteinchen aus dem Vogelsand und einige geschliffene Teile von riesigen Halotisschalen zum Einsatz.

Die letztgenannten, glänzenden Exoten sehen Sie auch im rechten Bild, darunter sechs helle, violette Innenseiten von Muschelschalen und ein skurriles Fundstück vom Strand.

Die Streifen in der helleren Sandpartie entstanden mittels eines dünnen Metallspachtels.

49

50

51

Sandpassepartoutvariationen

Auf dieser Doppelseite tauchen die vier rechteckigen Bilder von Seite 29 wieder auf.

Das Foto links oben zeigt eine Vorstufe der beiden Passepartouts auf Seite 33 oben. Die linke obere Ecke läßt noch die unstrukturierte Sandfläche erkennen, wie sie mit den Spachteln aufgebracht wurde. Der größte Teil der Fläche wurde bereits mit dem trockenen, großen Pinsel strukturiert.

Man tupft mit dem Pinsel senkrecht in die nasse Sandfläche, bis das Muster den Wünschen entspricht. Sollte es einmal mißlingen, können Sie die Fläche erneut glätten und von vorne beginnen.

Das Fenster für die Bildplatte können Sie mit Hilfe der Metallspachtel gerade ausstechen.

Am leichtesten funktioniert das, wenn Sie in den angezeichneten Bildausschnitt vorher noch einen zweiten, etwas kleineren, einzeichnen. Der Ausschnitt gerät sonst leicht zu groß. Die Sandmasse schrumpft unter Umständen beim Trocknungsprozeß an den Rändern noch etwas ein.

Wie bei den Beispielen auf der vorigen Doppelseite, sollten Sie den Ausschnitt mit Kleister einpinseln, bevor Sie die Bildplatte hineinlegen.

Mit dem Holzdreieck, das Sie auf der unteren Abbildung sehen, drückte ich die schrägen Linien ein. Danach ließ ich mit dem Strandgut, das Sie auf der mittleren Abbildung liegen sehen, das Bild aufs Passepartout hinauswachsen. Während auf der nassen Außenfläche die kleinen Steine und Muscheln leicht halten, mußte ich auf der trockenen Innenplatte Kleister aufbringen, um sie festzukleben.

Als exotische Besonderheiten sehen Sie auf Seite 33 unten hier die großen Seeigelstacheln und, im Bild unten rechts, zwei sogenannte Katzenaugen. Bei den drei grünen Teilen handelt es sich um schlichtes Strandgut: vom Meer abgeschliffene Glasscherben.

Die Linien in den beiden unteren Passepartouts entstanden mit Hilfe des Tortenspachtels, den Sie bereits von den Seiten 12 und 14 kennen.

52

53

54

55

56

57

Bildplattenvariationen

Auf losem, grüngefärbtem Sand sehen Sie hier drei weitere Bildplatten.

Die Linienstrukturen der beiden oberen Platten entstanden mit einem Messer. Als Besonderheit sehen Sie in der kleineren Platte einige Glasbrocken einer zerstörten Windschutzscheibe. Nach dem Trocknungsvorgang kratzte ich den Sand auf der Rückseite dieser Glasteile ab, so daß der, auch auf dieser Stelle verteilte, Passepartoutsand durchschimmern kann. Weil die beiden Teile sich als sehr dünn und zerbrechlich erwiesen, erhielten sie einen Anstrich mit farblosem Mattlack.

Das untere Beispiel zeigt, daß Bildplatten nicht immer rechteckig sein müssen. Die Sandmassen wurden mit zwei verschiedenen Siebpartien des gleichen Sandes angesetzt. Siehe Seite 13.

Die beiden schmalen Sandplatten in Bild 58 sind ca. 50 cm lang. Die verschiedenen Linien entstanden durch Lineale und Messer. Auf der linken Platte sehen Sie drei Sepiaschalen mit zwei Pilzkorallen, rechts eine geschwungene Linie aus Muschelschalenhälften und einen grauweißen Stein. Eine dünne Schicht aus Papageiensandmasse rahmt die beiden Streifen ein.

Wer auf ganz exakt geformte Bildelemente Wert legt, kann sie in Deckeln gestalten. Margarinentöpfe, Frischkäse-, Joghurtbehälter sind als mögliche Quellen zu nennen.

Im Beispiel oben sehen Sie den kleinen Deckel eines Frischkäsebehälters. Darin wurde mit hellem und von Natur aus schwarzem Sand eine dynamische Figur gestaltet und in die Mitte ein Schneckengehäuse gesetzt.

Der zweite Deckel stammt von einem kleinen Margarinetopf. Drei Arten Sand, drei Muschelschalenhälften und eine kleine Seeigelschale sind klar erkennbar. Die vielen dünnen Seeigelstacheln setzte ich überwiegend mit einer Pinzette ein.

Das blaue Element war ursprünglich aus hellem Sand. Im oberen Bereich brach ein Stück ab, was ich zum Anlaß nahm, es mit blauer Sandmasse zu ergänzen. Da die wasserlösliche Farbe in die benachbarte, trockene, helle Sandregion einzog, färbte ich die ganze Fläche mit einem Pinsel blau ein. Wie die hellen „Wolken" entstehen, können Sie auf Seite 53 sehen und nachlesen.

59

Das Bild auf Seite 37 zeigt vier kleine Quadrate. Diese befinden sich in einer größeren, quadratischen Platte, die ihrerseits für einen rechteckigen Rahmen passepartouiert wurde.

Natürliche Unterschiede der Sandarten prägen das Bild ebenso wie die Liniaturen, die mit einem dünnen Lineal eingedrückt wurden.

Neben den kleinen, roten Korallen bestimmen kleine Strandgutteile aus der Türkei das Bildgeschehen innerhalb der einzelnen Quadrate.

60

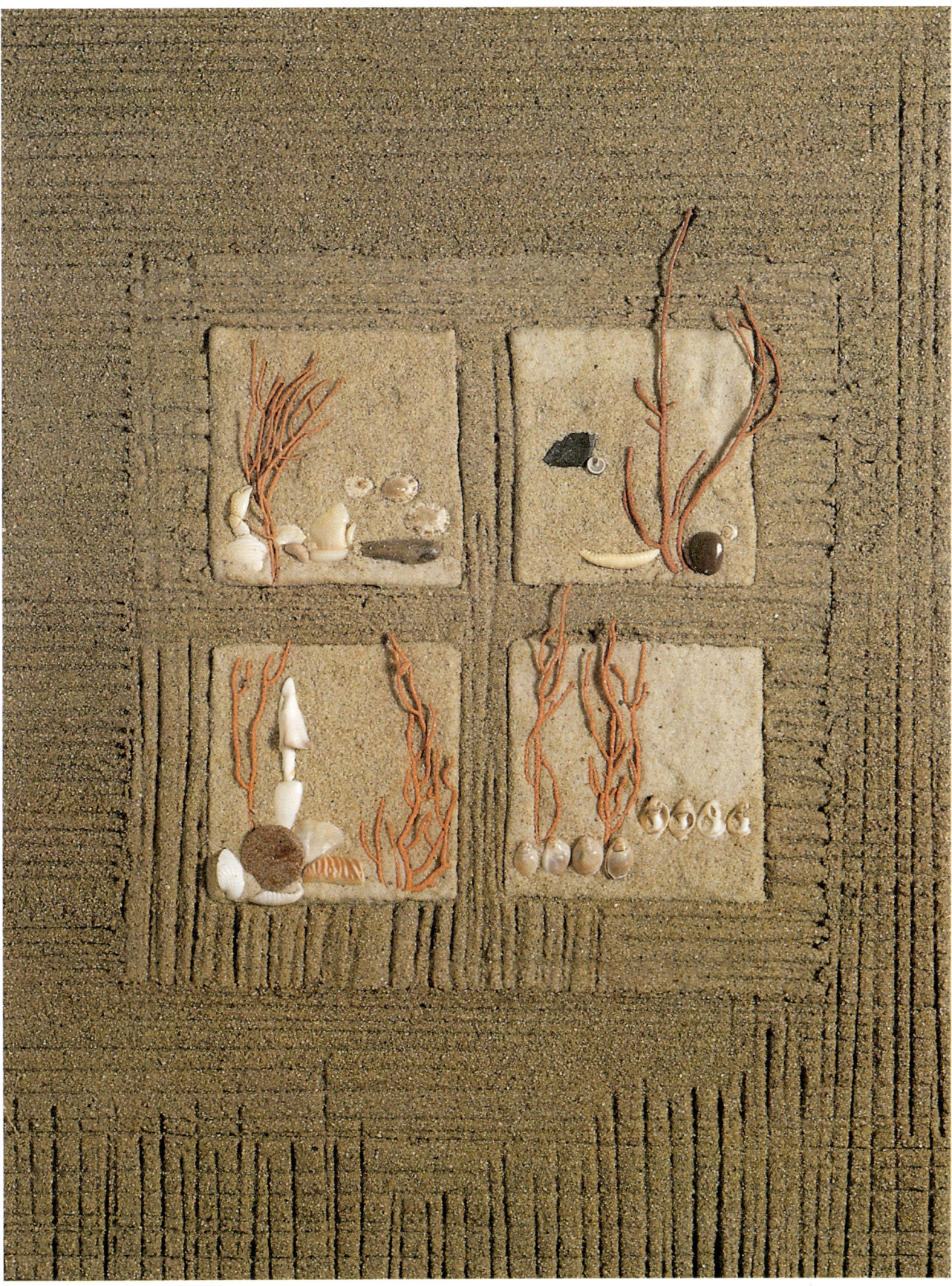

62

63

Diese drei Bilder entstanden mit Strandgut und Sand unterschiedlichster Herkunft.

Die braunen Steine im Bild links oben stammen von einem traumhaften, türkischen Felsenstrand, an dem ich herrliche Fels- und Steinfotos aufnahm.

Die großen Steckmuschelteile in den beiden anderen Bildern brachte mir eine gute Bekannte ebenfalls aus der Türkei mit. Die Tigeraugen im Bild rechts oben entnahm ich einem Halbedelsteinsortiment.

Während es sich bei den kleinen Korallenteilen und den fünf hellen Muschelschalenteilen im Bild auf Seite 39 um Importware handelt, wurden alle übrigen Teile selbst gesammelt, auch das Schieferstück. Außer gesammeltem Sand wurde auch Papageiensand aus der Zooabteilung unseres Supermarktes benutzt.

65

Die beiden Bilder auf dieser Doppelseite bilden den Abschluß des Kapitels. Auch hier entstanden die Bildteile separat und wurden nach der Trocknung mit einem Sandpassepartout versehen. Ich setzte die Glasplatten der Bilderrahmen als Träger ein, so entfällt weitere Vorbereitungsarbeit. Die Sandmasse war relativ flüssig, deshalb entstand eine dünne Passepartoutschicht. Am oberen Bild ist das gut erkennbar: Zum einen sieht man die Glasscheibe stellenweise durch, weil die Sandschicht sehr dünn ausfiel, und zum anderen kann man durch die Glasscheibenteile am unteren Rand des Quadrates hindurchsehen.

Das größere Objekt (40 x 50 cm) auf der gegenüberliegenden Seite ist ein in erster Linie experimentelles Gebilde. An ihm probierte ich verschiedene Klebestoffarten aus. Im unteren Bereich ist schwarzer Splitt zu sehen, wie er im Winter, bei Glätte, auf die Straßen gestreut wird. Die blaugrünen Glasscherben auf der rechten Bildseite und die beiden weißen Porzellanscherben darunter erhielten ihren „Schliff" in der Brandung, bevor wir sie eines Tages am Strand aufsammelten.

Die Schieferstücke stammen aus dem Rheingau-Taunus-Gebiet und die beiden Austernschalen von einer Einladung zu einem Essen!

67

68

Variation 2

Bilder in Schichten

Die Bilder auf dieser Doppelseite könnten, statt des Metalls, auch Strandgutteile enthalten. Es geht hier um eine weitere Variation von Sandbildtechniken.

Die gesamte, wasserfeste Bildplatte beschichtete ich zunächst mit einer recht gleichmäßigen Schicht hellgrauer Sandmasse. Die durchgetrocknete Schicht erhielt weitere graue und schwarzgefärbte Sandmasse aufgesetzt. Mit einem Rührholz entstanden die Mischmuster. Hier ist Vorsicht geboten: Wenn Sie zu stark mischen, kann statt des zweifarbigen Musters ein mittleres Grau entstehen.

Bei dem schwarzen Bild auf Seite 43 ist etwas ähnliches geschehen. In diesem Fall ist die unterste Sandschicht auch schwarz. Als die zweite Schicht bereits angetrocknet war, riß ich mit einem Holz die Fläche auf.

Die Metallobjekte in diesen Bildern entstanden während des Neujahrsbleigießens.

69

70

Bilder in einem Arbeitsgang

Auf dieser Doppelseite sehen Sie drei Bilder, die in einem Arbeitsgang gefertigt wurden. Sie sind ca. 30 x 50 cm groß. Für diese drei stelle ich mir ein stoffbespanntes Passepartout vor, das unter Umständen auch eine dünne Streuschicht aus sehr hellem Sand erhalten kann. Die Entscheidung steht noch aus.

Alle verwendeten Materialien blieben naturfarbig. Holz und Steine im Bild oben sind türkisches Strandgut; Muschelschalenhälfte und die beiden Schneckengehäuse stammen aus anderen Gegenden. Die Sandzusammenstellung ist fast international: Türkei, Kanaren, Italien und Deutschland.

Das Bild auf Seite 45 oben haben Sie sicher längst als das Titelmotiv wiedererkannt.

Solche Bilder entstehen von oben nach unten. Zuerst trug ich die helle Sandmasse im oberen Bereich mit einem Löffel auf. Die Spuren des Löffelrückens sind noch gut sichtbar. Daran schließt sich ein breiter Streifen aus zartestem, braunem Sand an, der ebenfalls seine Struktur durch eine Löffelunterseite erhielt. Die beiden mehrfarbigen, steinigen, unteren Streifen unterscheiden sich nur leicht in der Körnung. Im obersten Bereich setzte ich einige „Wolken" auf.

Wie diese entstehen, können Sie auf Seite 53 sehen und nachlesen.

Die drei Gruppen Seeigelstacheln ließen sich leicht hinter dem „Wellenkamm" einsetzen. Sie sind wesentlich größer als die, die auf Seite 36 zu sehen sind. Die lange Reihe aus Schneckengehäusen betont die Linie zwischen den beiden Schichten. Darunter befindet sich eine unregelmäßige Reihe von Seepokken mit Muschelteilen, gefolgt von einem Stück Treibholz und 7 Halotisschalenhälften. Die weißen Steinchen begegneten Ihnen ja bereits in einigen anderen Bildern.

Das untere Bild besteht aus einer einzigen Sandmasse, die mit dem Tortenspachtel ihr besonderes Linienmuster erhielt. Die 12 geraden Schalenteile der Scheidenmuscheln geben der Komposition etwas Graphisches.

Die Rundformen der Seeigelschalen, der Pilzkorallen und der weißen Muschelschalenteile wirken als Gegenpole, ebenso das skurrile, abgeschliffene Teil einer Austernschale.

Mit einem Teesieb brachte ich im unteren Bereich ganz wenig hellen Sand auf.

71

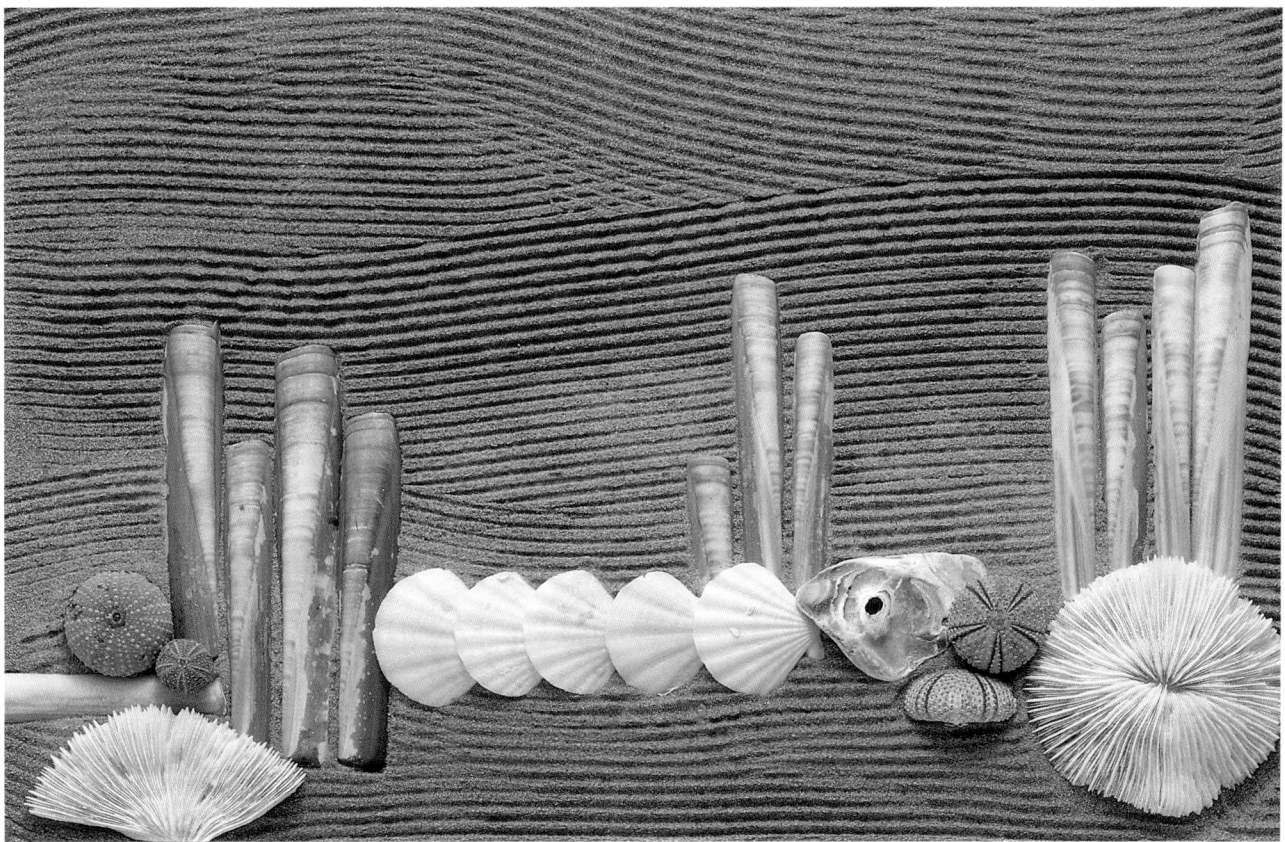

72

73   74

Für das Bild oben links gestaltete ich erst eine dünne, gleichmäßige Fläche aus dem gesamten Untergrund. Nach der Gestaltung des Mittelteils entstanden noch Sandlinien und Glimmerflächen.

Wenn Sie solche Streumaterialien auf die noch feuchte Fläche bringen, können Sie auf zusätzlichen Kleister verzichten. Leichter ist es jedoch, auf trockene Flächen erneut Kleister gezielt da aufzutragen, wo das Material haften soll.

Das Bild oben rechts entstand, wie seine Nachbarn, auf einer Glasscheibe. Auf diese Scheibe legte ich eine kleinere als Platzhalter, während ich die Passepartoutmasse auftrug. Wenn die kleine Scheibe sofort entfernt wird, können Sie im Fenster gleich den Bildausschnitt gestalten. Im unteren Teil brachte ich auf das getrocknete Passepartout eine weitere Sandschicht auf, deren Struktur eine Verbindung zu den Steinmaserungen schafft.

Die Abbildung 75 zeigt die Rückseite des Bildes von Seite 47, das sich ebenfalls auf einer Glasplatte befindet.

75

77

78

Variation 3

In diesem Kapitel möchte ich Ihnen einige Beispiele zeigen, bei denen zuerst das Passepartout entstand. Der Bildausschnitt kann entweder sofort, wie auf Seite 46 bereits erwähnt, gestaltet werden, oder nach dem Trocknungsprozeß.

Wahlweise können Sie wieder auf einer beschichteten Rückwand oder der Scheibe des Rahmens arbeiten. Am wichtigsten ist, sich den Bildausschnitt anzuzeichnen, bzw. sich einen Platzhalter dahin zu legen, wo später das Bild entstehen soll.

Als solche Platzhalter eignen sich Glasscheiben, insbesondere wenn die Sandmasse recht flüssig ist. Es ist ratsam, die kleine Scheibe zu entfernen, bevor das Passepartout ganz getrocknet ist, sonst kann es leicht passieren, daß sie sich nicht mehr entfernen läßt. Bringen Sie am besten auf der Scheibe etwas an, woran Sie sie hochheben können. Notfalls tut es auch ein kleines Messer.

Für dieses Bild legte ich das Passepartoutpapier des Bilderrahmens unter die wasserfeste Schicht und verzichtete auf einen Platzhalter. Die Innenkante läßt sich mit einem breiten Metallspachtel gerade abstechen. Die Struktur entstand hier mit einem trockenen Pinsel.

Fünf Sandarten treffen sich im Bildausschnitt mit zwei exotischen Seeigelstacheln und drei Strandgutteilen des Mittelmeeres. Auf der Schale einer Napfmuschel sehen Sie die Hinterlassenschaft eines Röhrenwurmes.

Das große Foto auf Seite 49 zeigt das gleiche Bild in trockenem Zustand.

80   81

Die Außenmaße dieser drei Bilder betragen 30 x 40 cm. Das ist eine einigermaßen handliche Größe für Sandbilder. Die meisten Passepartoutbilder in diesem Buch sind 30 x 40 cm groß. Abweichende Größen vermerke ich in den Begleittexten.

Alle ab hier vorgestellten Bilder, bis zur Seite 57 einschließlich, sind direkt auf die Glasscheiben ihrer Rahmen gearbeitet. Die Bildausschnitte entstanden alle mittels eines Platzhalters.

Für die drei Bilder auf dieser Doppelseite legte ich kleine Scheiben aus Fotorahmen als Platzhalter auf. Die Kleinstschneckengehäuse des Bildes links oben stammen aus sogenannten Muschelketten. Diese Miniaturschneckengehäuse setzte ich mit einer spitzen Pinzette in die Sandmasse ein. Bei Abbildung 85 auf Seite 53 sehen Sie die gleichen Teile lose aufgestreut.

Bei den Glasteilen am unteren Bildrand handelt es sich um Windschutzscheibenbruch. Die Scherben kleben unmittelbar auf der Trägerscheibe.

Das Bild auf Seite 51 enthält neben der zerbrochenen Schalenhälfte einer Scheidenmuschel, drei kleine Seesterne, die ca. 2–3 cm messen. Das übrige Material entspricht dem der beiden anderen Bilder.

83   *84*

An diesen beiden Bildern ist gut der Vorteil des Arbeitens mit Glasscheiben als Platzhaltern zu sehen. Wenn ich ein sehr glattes Passepartout anstrebe, muß ich mit dünnflüssiger Sandmasse arbeiten. Die Scheibe im Bereich des späteren Bildausschnittes verhindert, daß sich die Masse in diesen Teil hinein ausbreitet. Das heißt, daß sowohl die Passepartouts als auch die Bildteile wesentlich dünner ausgearbeitet sein können, da sie die Bildteile nicht als stabile Platte konzipieren müssen.

In den Bildfenstern der beiden Bilder malte ich zunächst die oberen Bereiche mit unverdünnter, brauner Ölfarbe aus. Bei den Mustern, die Sie dort erkennen können, handelt es sich ausschließlich um Pinselstrukturen.

Für die braune Sandmasse in den unteren Bildteilen rührte ich aus gesammelten, kalten Kaffeeresten einen kräftigen Kleister an. Mit diesem dunklen Kleister vermischt, erscheint der vormals hellbraune Sand in einem Farbton, der an dunkle, nasse Erde erinnert. Es ist ein gewisses Risiko, in ein trockenes, helles Sandpassepartout mit gefärbten Sandmassen hineinzuarbeiten. Am rechten Rand des rechten Bildes oben sehen Sie, was passieren kann: Die trockene Sandschicht nimmt Feuchtigkeit von der frischen auf und

damit natürlich auch die darin enthaltene Farbe. Dieses Risiko besteht immer, wenn trockener, heller Sand mit feuchtem, gefärbtem kombiniert wird. Es bieten sich zwei Möglichkeiten der Vorbeugung an. Sie können die trockenen Teile lackieren, oder aber Sie arbeiten naß in naß, wie bereits erwähnt.

Der Bildausschnitt des Bildes auf Seite 53 ist überwiegend mit dünnen Schieferteilen gearbeitet. In der gefärbten, grünen Sandmasse stehen die meisten senkrecht parallel angeordnet.

Die helle, naturfarbene Sandmassenschicht erhielt ihre Struktur mit einer Löffelrückseite. Den oberen Bereich bestreute ich nach dem Glätten dick mit Sand. Nach einigen Minuten ließ ich den überflüssigen Sand nach oben ablaufen. Aufgestreute kleine Schneckengehäuse und Bruchstücke aus helleren Sandplatten schaffen Verbindungen zwischen Bildausschnitt und Passepartout.

85

Es ist recht einfach, Sandplatten herzustellen, die in beliebige Stücke teilbar sind. In eine Portion Kleister rühren Sie wenig Sand ein und gießen die flüssige Masse auf eine gespannte Folienfläche. Die getrocknete Schicht kann dann beliebig geteilt werden. Natürlich können Sie so auch gefärbte Bruchteile gewinnen. Wie zerbrechlich oder biegsam das trockene Stück ist, hängt von Kleisteranteil, Schichtstärke und Plattengröße ab.

Die Bruchstücke können Sie direkt auf noch feuchte Sandflächen legen. Trockene Sandflächen müssen Sie zuvor mit Kleister einstreichen.

86

89

Variation 4

Bilder hinter Glas

Das Bild auf Seite 57 ist ca. 40 x 50 cm groß und verdankt seine Entstehung einer Reihe von Zufällen und Experimenten.

Eines Tages tätigte ich einen Großeinkauf von etwa 100 Bilderrahmen. Als ich die wertvolle Fracht im Auto verstaute, zerdrückte ich die Scheibe dieses Rahmens. Da alle Rahmen sich in einer dünnen Folienschicht befanden, konnte nichts herausfallen und der Rahmen stand lange ungenutzt herum.

In der Entwicklungsphase meiner Sandbilder entschloß ich mich, den Rahmen für verschiedene Experimente zu nutzen. Nach Entfernung der Schutzfolie legte ich eine kleinere Scheibe als Platzhalter in den Bildausschnittbereich. Die Sandmasse für das Passepartout enthielt neben Kleister Holzleim und weiße Dispersionsfarbe. Das trockene Passepartout gefiel mir überhaupt nicht. Unter die kleine Scheibe hatte sich Leimfarbengemisch geschoben, was ein reizvolles Muster hatte entstehen lassen. Diesem Umstand ist es zu verdanken, daß das Experiment nicht gleich im Müll landete. Eines Tages öffnete ich den Rahmen, um ihn für ein anderes Bild zu verwenden. Es zeigte sich auf der Rückseite ein attraktives Unterglas-Passepartout, das zu weiteren Experimenten herausforderte. Ein Stück violett bemalte Seide sorgt für Tiefenwirkung. Das Arrangement mit roten Korallen fiel nicht ganz zu meiner Zufriedenheit aus. Das veranlaßte mich, außen auf der Scheibe mit einer anderen Sandmasse weiterzugestalten. Davon versprach ich mir auch den Nebeneffekt einer Fixierung der Scheibenteile. Es wäre nicht besonders angenehm, wenn der Besitzerin des Bildes Glasteile herausfielen. Für mich sind solche Unfälle nach anfänglichem Ärger meist Anlässe zu weiteren Experimenten.

Die Entstehungsgeschichte dieses Bildes erzählte ich so ausführlich, um Sie zu eigenem, experimentellem Tun anzuregen.

Lassen Sie sich von unerwarteten Ergebnissen und kleinen Unfällen nicht entmutigen. Nehmen Sie solche Ereignisse vielmehr als Erfahrungsgewinn und Ausgangspunkt für mutige, experimentelle Umgestaltungen. Wer vor Beginn einer gestalterischen Arbeit bereits ein festes Bild vom „Endprodukt" im Kopf hat,

Für die beiden Bilder auf der vorhergehenden Doppelseite benutzte ich kurze Plastikrohrabschnitte von ca. 15 cm Durchmesser als Platzhalter für die runden Bildausschnitte.

Das Schlitzmuster in der Sandfläche entstand mit dem schwarzen Spachtel aus dem Werkzeugsortiment, das auf Seite 12 zu sehen ist.

Neben Schieferstücken und verschiedenem Sand verwendete ich in den runden Ausschnitten Fundstücke von türkischen Stränden und von Rhodos.

Bei der Entstehung des Bildes oben kam wieder eine kleine Glasscheibe als Platzhalter für den Bildausschnitt zum Einsatz.

In der schwarzen Sandmasse sehen Sie eine Formation aus kleinen, dünnen Schieferstücken, senkrecht aufgestellt und parallel ausgerichtet. Als Strandgut beleben vier außergewöhnliche Muschelschalenhälften und sieben Schneckengehäuse das Bild.

90

beraubt sich selbst der Freude am gestalterischen Tun. Sich einlassen auf neue Materialien und Techniken bringt überraschende Erlebnisse, die zu eigenständigen Weiterentwicklungen führen können.

In diesem Kapitel stelle ich Ihnen, außer dem zuvor beschriebenen Bild, noch fünf großformatige, andere Bilder vor.

Nur drei, der in diesem Buch vorgestellten Bilder befinden sich hinter einer Glasscheibe.

Das Bild oben hat eine Größe von ca. 50 x 70 cm und befindet sich in einem ca. 8 cm tiefen Holzrahmen.

Zuerst entstand das kleine Bild (20 x 28 cm) in einem dunkel lasierten Holzrahmen. Es ist das Lieblingsstück meiner ersten Sandbildserie und hing lange Zeit ohne Passepartout an der Wand. Der obere, dunkle Hintergrund ist ein schwarzes Ölpapier mit etwas Sand und Glimmer. Die Sandplatte im Hintergrund entstand aus sehr flüssiger Sandmasse in einer flachen Plastikschale. Über der Sandmasse stand zunächst purer Kleister, der beim Trocknen eine Sandschicht hochzog und aufriß. So entstanden die beiden Risse im Hintergrund. Die trockene Platte raspelte ich an den Seiten solange ab, bis sie in den Rahmen paßte.

Das Strandgut im Vordergrund befindet sich in einer anderen, festeren Sandmasse.

Für das Passepartout schnitt ich einen Karton zu, der genau in den großen Holzrahmen paßte. Das Bildausschnittfenster sitzt hier bewußt nicht in der Mitte. Die Größe des Fensters entspricht genau den Innenmaßen des kleinen Rahmens. Auf die Rückseite des Kartons klebte ich eine ca. 3 cm dicke Styroporplatte. Vorsichtig wurde der Ausschnitt in der Styroporplatte nun den Außenmaßen des kleinen Holzrahmens angenähert, damit er einen Halt erhält, und nicht nur am Passepartoutkarton klebt.

Die Vorderseite erhielt einen Überzug aus naturweißem Stoff. Mit großzügigen Pinselstrichen kleisterte ich den Stoff dünn ein und betreute die Fläche mit Sand. Zuletzt baute ich die beiden großen, schwarzen Korallenteile ein.

Vom Passepartout bis zur Rückwand ist das Bild ca. 4,5 cm tief. Vom Passepartout bis zur Scheibe sind es etwa 2 cm.

Das Bild „Graue Bucht" (Abbildung 92) ist ca. 50 x 70 cm groß und befindet sich in einem ca. 4 cm tiefen Metallrahmen hinter Glas.

Der Hintergrund ist mit blauer Aquarellfarbe angelegt, der Vordergrund ausschließlich mit Asche und

92

Schieferbruch gestaltet. Im Mittelgrund sehen Sie eine kleine, schwarze Fächerkoralle. Die Herstellung und Gestaltung des Passepartouts geschah genau, wie für das vorige Bild beschrieben. Nur muß die Styroporplatte entsprechend dünner sein, weil der Rahmen nur halb so tief ist. Die Sandschicht dieses Passepartouts ist etwas dicker als die des vorigen Bildes. Die blaue Tönung erreichte ich mit Hilfe eines großen, flachen Pinsels und stark verdünnter blauer Temperafarbe.

Bilder ohne Glas

Die drei folgenden Bilder befinden sich, wie das vorhergehende, in Alurahmen von ca. 4 cm Tiefe und einer Größe von ca. 50 x 70 cm.

Die Besonderheit dieser Serie liegt in den unterschiedlichen Strukturen der Sandpassepartouts. Wie für das vorige Beispiel klebte ich je eine dünne Styroporplatte auf die Rückseiten der Passepartoutkartons. Die Fenster in den Kartons müssen etwas kleiner sein als die Ausschnitte in den rückseitigen Platten, damit man das Styropor von vorne nicht sieht. Die Vorderseiten der Passepartouts kaschierte ich mit hellem Stoff. Der Stoff wird im Bereich des Bildausschnittes aufgeschlitzt und nach hinten umgeklebt. Dieser Stoff erhält eine Schicht steifen Kleisters.

Mit dem großen Tapezierpinsel können Sie den Kleister in Wellenlinien auftragen, tupfen oder auch zu Kreisen ziehen. Auf das vorbereitete Kleisterbett streuen Sie eine dicke Schicht Sand.

Es ist sehr wichtig, wesentlich mehr Sand aufzustreuen, als der Kleister aufnehmen kann. Der Überschuß dient zur Beschwerung des Passepartouts, damit es sich beim Trocknungsvorgang nicht verziehen kann. Nach ein paar Tagen ist der Kleister getrocknet und Sie können den Sandüberschuß entfernen.

Die Rückwände der Bilderrahmen können Sie gleichzeitig mit Kleister einpinseln und mit Sand bestreuen. Erst wenn Rückwand und Passepartout trocken und im Rahmen montiert sind, beginnt die Gestaltung des Bildausschnittes. Es beginnt das Probieren, welche Strandgutteile wo eingebaut werden können. Die Befestigung geschieht mit Klebstoff oder Sandmasse. Sie sollten dann je eine Sandmasse aus Passepartoutsand und Hintergrundsand ansetzen.

Die plastischen Strandgutteile auf den Passepartouts zeigen deutlich, daß diese Bilder keine Scheiben erhalten. Staub läßt sich von Sandobjekten mit weichen Pinseln gut entfernen.

93

94

95